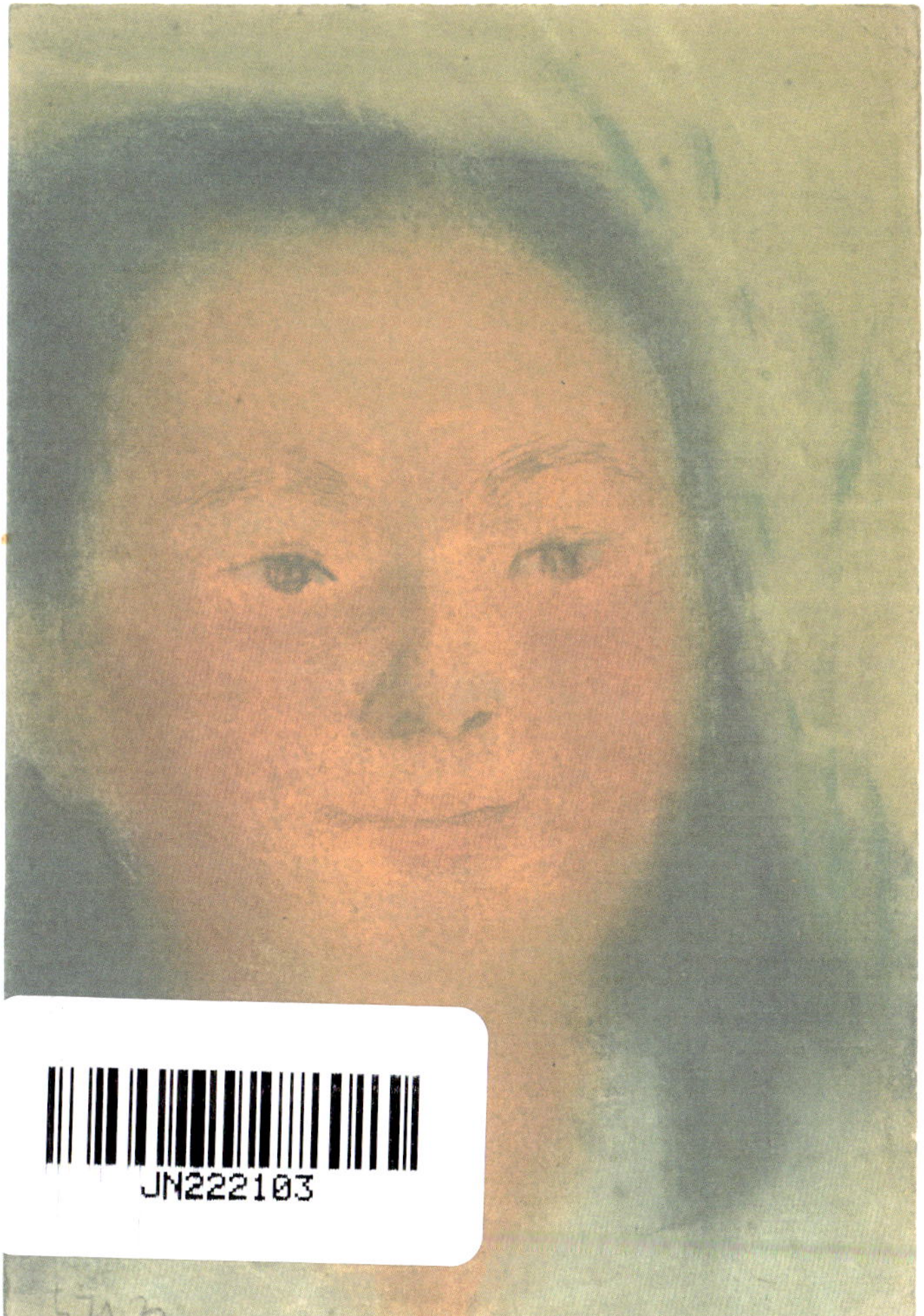

著者肖像（絵・いわさきちひろ）

戦前生まれの

Le sténographe voyageur né avant la guerre

旅する速記者

Mitsuko Sasaki

佐々木光子

聞き手＝竹田信弥

双子のライオン堂

戦前生まれの旅する速記者

まえがき

本書は、戦前生まれで、刊行現在98歳の速記者・佐々木光子さんの人生を聞き取ったものです。

佐々木さんとの出会いは、小説家の辻原登さんの紹介がきっかけでした。古本屋として、古書を引き取りに行った際に、意気投合し、その後も交流が続きました。お会いするたびに、いろんなお話を聞かせていただきました。

特に、速記というお仕事については、戦前から現在にかけて、戦争に、経済に、テクノロジーの進化に、翻弄されてきたのだということがわかりました。

また、ひとりの人生としても、40歳を過ぎてからフランス語を習得しに海外へ行ったり、80歳まで現役の速記者として活動されたりと刺激的です。今後、私たちが「人生１００年」を謳歌するための参考になるのではないかと思い、本として刊行することにしました。

本の構成は、大きく前半と後半に分かれています。佐々木さんが速記者になるまでとなってからの歩みを自由に語ってもらった第一章。その後の複数回にわたる聞き取りを通じて、テーマごとにより深く掘り下げる形でまとめた第二章という構成です。

本書を通じて、戦前から戦後、そして現在へと、ひとりの速記者が目にして感じたことを、時代の変遷とともに伝えることができればと思います。

聞き手・竹田信弥

目次

まえがき——4
第一章　戦前生まれのある速記者の話——9
第二章　旅する速記者——41
あとがき——78

扉・挿画（p.14）提供
いわさきちひろ「若い女性の顔」（一九四〇年代）
デザイン　中村圭佑

第一章　戦前生まれのある速記者の話

それで、あなたの目的は何？　最近、私も耳がよくなくてね。電話では、気軽にいいわよ、なんて言ったけど、どんなお話をしたらいいのかしら。

速記者の記録を残したいの？　そういうことなら喜んで話します。思い出したところから話しますから。うまくまとめてちょうだい。

私は昭和17（1942）年に商業女学校を出ました。戦争中は、日本銀行に勤めてたのね。商業女学校で速記を習ったんです。これは、うちの父が「戦争中だから、一人娘のお前は結婚してもすぐ未亡人になる」からねって。結婚しても自立しなきゃダメ、って言うことで、手に職をもちなさいって言われた。

商業女学校を卒業してすぐは速記ができたんだけど、最初に日本銀行に勤めたもんだから、速記はやらなくてね。学校で習ったものでも、やっぱり深く極めなければ実用には耐えないでしょ。日銀に勤めながら日本橋に速記の塾みたいなのがあって、そこに1ヶ月くらい、スピードアップのために行きました。

そしたら昭和20（1945）年の終戦になっちゃった。8月15日にね。私は疎開するつもりだったから、19（1944）年の12月に銀行を辞めちゃった。でもなかなか疎開先がみつからなくてね。父と母とこの魚籃坂のいまと同じ場所に住んでたんだけど。一緒に防空壕に逃げながら、速記の仕事が少しあるからそれをやってたわね。

速記の仕事をしっかりやり始めたのは、昭和21（1946）年から。私は速記者としてNHKに出入りしていたのね。敗戦直後はまだ田村町にNHKがあって（注1：田村町は現在の港区西新橋。NHKの当時の所在地は千代田区内幸町で、田村町と程近かった）。あの頃は、GHQとのやりとりとかね。20年から、ずっと仕事をしていたわね。

雑誌「平凡」（注2：昭和20（1945）年に平凡社から誌名を引き継ぐ形で凡人社が創刊。凡人社は平凡出版への組織変更、マガジンハウスへの社名変更を経て、昭和62（1987）年に「平凡」を休刊した）の初期の頃の美空ひばりとかあんな連中の速記もしたし、田中角栄の速記もしたし、ソ連から帰国したばかりの共産党の野坂参三が日比谷公園で帰国演説をやった時は、私はトラックの上に一緒に乗って速記をしたわね。経済から政治、ありとあらゆる場面に立ち会った。

こういう話、面白い？　そう。じゃあよかったわ。

戦後すぐは、仙花紙で雑誌を出せばいくらでも売れた時代だったから。もう私なんかそのフリーの存在でひっぱりだこだった。当時は、カメラマンなんていないでしょ。だからカメラマンの代わりに画家と一緒に行くの。それがいわさきちひろさん。昭和23（1948）年頃、「働く婦人」（注3：昭和21（1946）年から昭和25（1950）年にかけて日本民主主義文化連盟が再刊した雑誌）なんかの仕事で速記に行くでしょう。私が22歳ぐらい。いわさきちひろさんが30歳ぐらいだった。雑誌で座談会をする時に、いわさきちひろさんが出席者の顔を描いて、だから対談なり座談会ではみんな絵が載っていたの、挿し絵が。それで4、5回一緒に行く場面があったわけね。

この冊子見て、これ私。すごいでしょ。ある時に、座談会が終わってから時間に余裕があって、会場で「佐々木さんの顔、ちょっと描かせて」って言われて、それで描いてくださったの。その絵が我が家にずっとあったのね、2階に。整理したら出てきて、20年ぐらい前にちひろ美術館に寄贈したのよ。

それで、一度見たいと思ったのが去年（2021年）の1月ね。ついていってくれるお友達がいたから。1月29日。それを見に行った帰りにお友達と別れて、ひとりで歩いてたら、恵比寿の駅のエスカレーターで、転んじゃった。それで6ヶ月入院してたの。あの時、死んだかと思いましたよ。不思議なものね。それでも、96歳でまだ生きているんだから。実は、いわさきちひろさんが私を描いた絵はまだ見れてないんですよ。それは信州の方の美術館（注4：長野県北安曇郡にある安曇野ちひろ美術館）にあるみたいなのよ。

この紙にね。しゃべりたいことをいろいろ書き出してきたわ。1時間でも2時間でも、しゃべることができますよ。1日で終わらないわ。

ちひろ

ＮＨＫの仕事のこと？　占領中にＮＨＫでなぜ速記者が必要だったかって言えば、ＧＨＱとのやりとり。落語をラジオで流すんだけど、内容のチェックが入る。そのために、落語を速記者が聞いて、文字にして、それを日本語がわかるＧＨＱの人が読むのか、翻訳したのかはわからないけど、確認するのね。

とにかく、敵討ちって言ってるやつなんかはＮＨＫではダメだったわけ。だから「忠臣蔵」なんかはダメ。仇討ちだから。四十七士が、あれしちゃうから。「くまさんはっつぁん」（注５：落語の世界において、庶民を代表する存在としてしばしば登場する人物）みたいなのはいいいんだけど、講談はダメなのね、主君の仇討ちだから。

私は、ＮＨＫの記者と一緒にあの鈴本とか末廣亭の寄席に行ったりして、30分で原本を起こして、原稿書いてアメリカの情報局（ＧＨＱのこと）の許可を得て、ＯＫが出たらラジオで放送するの。アメリカ軍がいる間ね、昭和40（１９６５）年くらいまでは、チェックしてたのよ。そのうちテレビになったわね。

その頃になると、もうガラリと変わって。日本の民主化はもう大丈夫だって。

ラジオの間はそういうことをやってたけれど。そういうことのために速記者が絶対必要だったわけね。

落語、講談って、口伝でしょ。ほとんど文字になってない。速記者の出番だったのね。録音機材もないから。それまでは。

落語と言えば、あなたに連れていってもらったでしょ、神奈川近代文学館。あの時の話を昔から懇意にしてる新聞社の人にしたの。もう80歳ぐらいの人なんだけど、定年になってから20年ぐらい経つけど、メールでつながってて。彼に、若い本屋さんの青年に東京ドライブをさせてもらったわって。人生初めてのドライブね。人生最後の冥土の土産で、神奈川近代文学館に行ったって話をしたのよ。彼は、新聞社の論説委員だったから、またヨーロッパにもいた人だから、速記というと、経済や政治のものって思ってる。なぜ速記が文学館にアーカイブされてるのかって、わからないのね。速記は、そもそも明治時代の落語が速記されて、掘り起こされたんだから。文学の分野で一番役に立ったわけでしょ。そういう歴史を知らないのよ。速記は国会の記録だけと思い込んでいた。

あの落語の素はみんな速記で起こしたものよ。これ特に円朝ね（注6：落語家の初代・三遊亭円朝。天保10（1839）年生、明治33（1900）年没）。自分の話を速記で残して文章にしていたんです。辻原登先生が小説にしているでしょ。そう「円朝芝居噺夫婦幽霊」。それで速記が文学に与えたことを考えて、その大切さを知ってるから。速記の本をアーカイブにするために、館長をやっている文学館（神奈川近代文学館・現在は退官）に寄贈してくださいっておっしゃって、わざわざ課長さんがもう一人連れて、我が家に来てくださった。

速記は、経済だけじゃないのよ。文学にとっても大事な歴史がある。これがなかったら一門には継がれるけど、どこかで変わっていっちゃうし、途絶えていたかもしれないわよ。

牡丹灯籠だけでこれだけあるのよ。速記があったからみんなこういう文字になったわけよね。誰でも読めるようになるって大事ね。

文学館は速記の重要性を認識してくださったけど、新聞社はそうではなかった。

自分たちが一番恩恵を受けていたはずなのにね。私も後世に残すために大いにしゃべるわ。

速記の影響って話で言えば、大袈裟かもしれないですけど、個人の頭にあったものが言葉になって文字化されて、世の中に伝えられるようになった。言葉が文字化されて、普遍化していく。その大きな役割をしていたはず。でもいまは、ITでしょ。しゃべったら録音されて、それこそ勝手に文字になったりするんでしょ。

いまは、ZOOMで会議をして、その録音データを速記者の事務所のパソコンに送るんです。それを速記者が出勤してきて、文字にして、また会社に送る。だから現場に行かないで、全部パソコンで完結ね。

私たちの時代は、戦後、昭和30（1955）年頃にソニーのテープレコーダー（デンスケ）ができて、必ず録音して、それを聞きながら文字に起こしていくのね。足ふみで止めたりしながら原稿用紙に手書きでね。これ見て。私の専用の原稿用紙があるのよ。200文字詰め。神楽坂にある有名な文具店製。名前と住所まで書いてある。特注で何冊も作ってまだ残っているのよ。

私も最後はパソコンになったけど。だんだんと変わっていったわね。まずマイクのコードがなくなって、こういう小さなレコーダーになって。そのうちに原稿用紙も書かなくなって。ワープロで書いて、フロッピーでやりとりする時代になって。「原稿用紙はいらないです、フロッピーでください」って言われるようになった。

私なんかでも80歳まで仕事してましたけど、カセットテープでやってました。テープだけ送られてきて、10年くらい依頼主と会うことがない。80歳の時に「もう結構です」って言われたんだけど、70歳の時に顔を合わせたきりでした。

それは、健康保険組合の仕事だったんだけど、もっと安い速記者を使えとか上司から言われてたみたい。20年以上やってたんですけども、事務局長が変わったのかな。家を出ないから80歳まで仕事できたのね。

速記符号の話もしましょう。そこはもう若い時に覚えてそれを使うんだけど。自分流に後で読み取れるようにする。15歳くらいの時に暗記して覚えた速記符号は、50歳くらいまで有効活用してたわね。素人が見たら、なんだかわからないでしょうけど。

あ、い、う、え、お…………。
か、き、く、け、こ、でしょ。

これで、「竹田」ね。
十、百、千、なんて数字も書けるわ。銀行の番号も忘れちゃうから、これで書くわ。読める人がいないからね。一文字一筆で書けるから、速く書き残せるのね。人の話を聞きながらメモに書いて、半紙にね。それを見ながら日本語にするの。落語もそうやった。

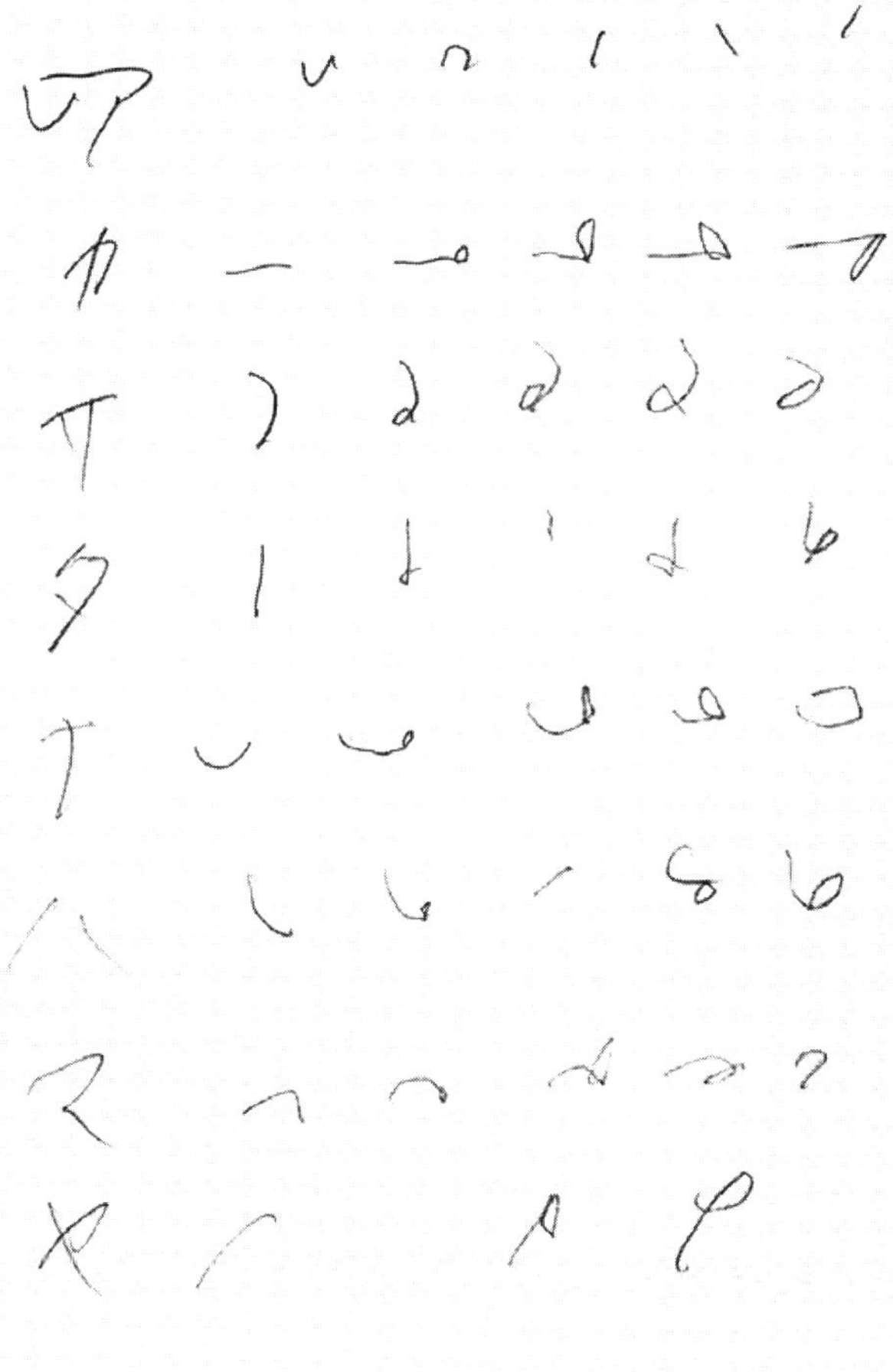
ア
カ
サ
タ
ナ
ハ
マ
ヤ

こういう符号を明治の時に先人が考えたみたい。えらいもんだわ。でも、海外ではもっと早くて、ヨーロッパ・アメリカでは日本より150年ぐらい前にはもうできていたみたい。日本は遅れていたわね。やっぱり漢字とひらがなが交じっているから難しい。文字に書くっていうことが大変だった。外国にはすでにタイプライターがあって。ヨーロッパ・アメリカなんかでは高校で速記の授業があった。昔はアメリカの大統領だってできたそうよ。

ワープロが入ってきて、日本語が打てるようになってね。それをみんなが使い始めたために、ガラッと変わっちゃった。

私の話？　出身は東京です。23区になる前ね。ここ高輪あたりは東京のはずれだったのよ。生まれた年は大正15（1926）年。私の両親は、東京に来る前は、二人で北海道にいて、王子製紙に勤めていたわ。紙屋さんね。母は北海道、父は宮城県の人、結婚して東京に移住してきた。私は一人娘で、小学校は御田小学校。女学校は、いまの渋谷教育学園渋谷中学高等学校の前身ね。あそこは、戦前は商業女学校だったの。中学校になるのかしら。女学校まで行ける人はけっこう良い方です。当時は東京でもだいたい、中学校を出ると奉公に行くのよね。世の中に出られるように。そろばんとか勉強して。

小さな頃は、私は外で遊ぶ子でしたね。本も好きでした。娯楽は本しかないからね。

女学校を卒業してからは、日本銀行に入りました。

当時、日本銀行は、女性はみんな小学校の教室みたいな部屋に集められて。50人ぐらいの人に、朝から晩まで、札束ばっかり勘定させていたの。それが当時の日銀の女子の使い方だった。いま考えるとひどいわね。当時はお札を数える機械がないから。だけど私は女学校で速記をやってたでしょ。だからその部署じゃなくて、考査局っていうところに配属された。そこで一萬田尚登さんの下で働くことに。一萬田さんは考査局長だったのが、戦後の昭和21（1946）年に日銀総裁になって、8年間くらい総裁をやっていたはずね。その人の下で、速記をやりたかったんだけど、銀行では庶務ばっかりやってたわね。でもね、その時は日銀の図書室に出入りできて、楽しかった。

戦争当時は、日銀には一般食堂と重役食堂っていうのがあって。区別されるの。戦争中だから食べるものがないのよ。でも、銀行では新人でもちゃんとお昼に米の飯が食べられた。うちの両親なんかはさ、お金なんかいらないから、育ち盛りの娘が一食でもご飯が食べられるところに行ってよかったよかったたって喜んでた。

お昼は、社員食堂に行って食べるんだけど、雑炊みたいなものしかないから、すぐ食べ終えちゃって。男の人は慰労室に行って囲碁をやってたけれど、私は図書室に行ってたわね。

三越も近かったから行く人もいたけど、お嬢さん連はね。

陸軍省、海軍省に入った人たちは、お給料は良かったみたいだけど、食料は自分で闇市に行ったりして買わないといけなかった。日銀は平和産業なんて言われて、給料は、半分とは言わないけど、海軍省の人に比べれば2／3ぐらいで少なかったのね。でも、お昼は銀行で食べられたから。闇市で買ったりしなくていいし、給料が安くても銀行でよかった、なんて父は言ってた。食べるものがとにかくない時代でしたから。

銀行にいた頃、昭和19（1944）年頃から、東京で空襲があったのよね。地下3階に逃げるんだけど、そこに行くと金塊があるのよ。だから、先輩の男性社員なんか気取って「金に会いに行こう」なんて言って。金塊の上に腰を下ろして、気持ちがいいなって。そのまま置いてあるのよ。重くてどうせ持っていけないから。

銀行の図書室は、コンクリートのがっちりした建物の中にあって。その頃は、若いからよくわからなかったけど、案内してくれた人が棚の上の方を指差して「あれは発禁になってる、あの『資本論』だ」とか言うのよ。マルクス主義のね。その人が「佐々木さん、あの本は銀行の中で読んでもいいけど、自宅に持って帰ると警察に捕まりますよ」って言うから、驚いちゃった。警察に捕まる本ってどんなもんだろうって。読みたくなるわよね。読まなかったけどね。

私が日銀に入った時には、もう戦争が始まっていて。女学校時代から戦争は始まっていました。東京も爆撃が始まったから、疎開しなきゃって、昭和19年の12月に日銀を辞めちゃったんです。

20年の1月からは航空工業会に入って、そこで速記をしたの。陸軍省の外郭団体が新宿の伊勢丹にあって。私の先輩の女の方が3人、男性2人とね、速記者が5人いたの。写真はないんだけど、給料明細は残ってるのよ。

それで、当時は岐阜の各務原航空隊って言って、特攻隊の出発基地があったのね。そこで18、19、20歳の特攻隊の人たちの座談会を頼まれて。でも、8月に戦争は終わった。航空工業会も陸軍の外郭団体だから、全部解散。日銀に残っていたら、また人生は違っていたかもしれなかったわね。それから、速記者としてNHKに出入りするようになるのよ。不思議よね。

急にできないから、準備してたのよ。昭和18年くらいから。日銀は4時に奥の事務方は終わるんです。早いんです。日本橋で、速記を教えている先生がいて、

書記 佐々木光子

月給四拾五圓

昭和十九年五月二十二日

航空工業會

すでにできる人も速度を伸ばすために行く速記塾みたいなのがあったんです。仕事が終わってからそこに行ったでしょ。航空工業会でも少し仕事をしたし、戦争が終わった頃には、一人前の速記者になっていたんです。

だからすぐ戦力になったんです。なんでかわからないけど、速記ができる人がここに住んでいるよ、って情報がNHKに流れたんです。急に声がかかって。私は銀行辞めちゃって仕事がないから。やりますって言って、始まりました。

年齢的に言うと20歳ぐらい。当時、NHKから依頼を受けて、ラジオ放送の時代だったからね。地下鉄で虎ノ門に行くと、官庁街に行く人がたくさんいて。男の人も女の人もね。

女の人が、ベレー帽をかぶっているんですよ。私は、NHKの人に、女の人はみんなベレー帽かぶってるけどなんで？　って聞いたら、「あの辺にはずっとアメリカ兵がいて、娼婦と間違えられないようにしてる」って。「私は働く婦人です」って、間違えられないようにベレー帽をかぶっていると言うのよ。それで私もベレー帽買ったわ。怖いわよ。それで、毅然としてＮＨＫに入っていくのよ。最初に速記したのは、演芸場、寄席ね。鈴本に行ったり末廣亭に行ったり。落語の仕事。その当時、アメリカの中に、ドナルド・キーンみたいに日本語のわかる人がいて、落語の内容が良いか、悪いか、判断するのよ。「これはＯＫ」「こっちはＮＯ」って。

大変な仕事で、時間が勝負なの。ラジオはいまと違って夜と昼の2時間ぐらいしか放送されないんだけど。占領下のある時までは、ジャズとかアメリカの音楽ばっかり流れて。それを日本人向けの落語とかも流したいって相談したのかしらね。ＧＨＱか政府かわからないけど。そうしたら、「その内容を持って来い」って言われて。それで速記が必要になったらしい。こういう内容の落語ですよって。寄席に記者の人と行って、私は速記してそれを原稿にしていた。

落語は、まず楽屋で聞くの。その場で速記符号で書いて、それから中二階あたりの空いてる席で「どうぞ聞いていってください」って必ず言われるから、そこで再確認する。だから同じ話を二度聞くのね。それで田村町のＮＨＫに戻って、原稿用紙に書き直す。「くまさんはっつぁん」の話とかを脚本みたいな感じで書いて。それをＮＨＫの職員がさっと見て、日比谷公園の前のＧＨＱに持っていくわけね。

ＮＨＫの職員は、30分から40分ぐらい控室で待って、ＯＫが出ると田村町に戻って、「○○さんの落語はＯＫでした」って伝えると、その翌日あたりに落語家本人が来て、マイクの前でしゃべる。その放送の場面は、私は見なかったけど、ラジオでは聞いたことがあるわね。

昭和の40年頃にＮＨＫが田村町から移ったんですよ、渋谷に。それと同じ頃にアメリカ軍が半分くらいいなくなって、検閲もなくなって。それまでは、女の剣劇もご法度だったわね。とにかく、敵討ちの話は絶対ダメ。寄席には、2～3日に1回ぐらいかしらね。ＮＨＫだけで生活していたわね。

速記者はその頃から、原稿と引き換えに速記料金をもらえたのよ。だから両親も大喜びでした。フリーの速記者だったから、ピンハネもないから。ふふふ。当時はフリーの速記者か会社所属の速記者か、それと衆議院・参議院の速記者のどれかね。

のちに、集まって会社組織にして派遣してやるようなのができたけれどもね。結局そういう会社組織には事務方がいて、速記者が4～5人いて。結局はピンハネ。一人でやってれば丸々じゃない。

昭和30（1955）年くらいは、それまでがもう嘘みたいにたくさん仕事がある時代でしたね。作家の連中が座談会して本にすると飛ぶように売れるの。岩波が出すやつとか雑誌の「平凡」とかね。戦後は雨後の筍の如く中小の出版社ができて、途中で潰れたのもあるけども、速記者は原稿と稿料が交換だから潰れてもお金がもらえないなんてことは絶対なかったですね。とにかく人がしゃべって、それを文字にすると売れる。誰かの話を聞きに行って、それを聞いて起こしたらもうちゃんとお金になって。待合かなんかでの政治家の話を聞いたり、経済の話とか難しいのもあったけど。内容は関係ない。速記者は頼まれれば何でもやる。私の働きで両親と私の三人が暮らせたんだから。

私は出版社の仕事で、あんまり文士の人とは、会わなかった方です。経済関係の人の雑誌が多かったのね。速記者によっては、文士の人とばかり会う人もいたらしいけど。それでも、美空ひばりやね、いまでも覚えているのが、座談会で司葉子さんに会ったこと。まだ22歳で、彼女は世田谷なのね。一緒に帰りましょうなんて、彼女の車で送ってもらったことがあった。それは特別なことでしたね。

普段も、速記者には会社の側で車を用意してくれました。昭和40（1965）年ぐらいまではすごく大事にされてました。そのあとは、カメラマンと同じでたくさんいるから、特別扱いはなくなって。私は早くやり始めたからいい思いをしたわね。当時は速記者は、女性が多かったわね。衆議院なんかは、規則があるから後に給料もよくなったけど。私も採用試験を受けようかと思ったら、衆議院に入った先輩が「役人になると給料が安いから民間の方がずっといい」って。「役人の3倍ぐらいあなた稼いでるわ」って。女性の速記者でフリーの人はいなかったわね。20代は落語三昧だったのも楽しかったし、若い時は、仕事が楽しくて楽しくてしかたがなかったですね。

あと長くお世話になったのが、信用金庫ね。昭和30（1955）年ぐらいから。それはたまたま、近所にね、芝信用金庫の常務さんが住んでて。奥さんとお友達で芝信用金庫から全国信用金庫協会に紹介されて。私は信用金庫の仕事を昭和30年ぐらいからずっと、70歳ぐらいまで40年ぐらいやってきました。

海外に行った時の話もしていいかしら?

私は、これまでにフランスに10回行ったのよ。世界速記者タイピスト連盟って言うのがあって。普通は、お金がかかるから行けないけど。国際的な速記・タイピング世界連盟って言うのかしらね。ヨーロッパの方が先に速記ができてるから歴史も長いのね。第一次世界大戦の頃から隔年大会が開かれていた。私も10回ぐらい行ったんだけど。そんなにたくさんはフリーじゃなきゃ行けないでしょ。衆議院とか新聞社に勤めてる人はそんなに行けない。私はフリーでよかった。ユーゴスラビアでも開催されて、行ったわね。いまは国がなくなっちゃったけどね。私が行った2年後にね。そういったヨーロッパの話もしたいわね。

海外旅行は、昭和49（1974）年頃からね。はじめは、仕事を頼まれたのよ。全国信用金庫協会から頼まれて、ウィーンで開かれた世界庶民銀行の50周年記念の会合に行った。そこで速記して。通訳がつくんだけど、元・横浜正金銀行のパリ支店の方がいた。それが初めて海外に出た時ね。1週間、オーストリアのウィーンに滞在したの。帰りはモスクワで2泊。

私の青春は戦争中で英語を勉強しなかったでしょ。戦争に敗けて、これから英語を勉強しないとダメだって思ったけども、英語じゃもう遅れてるから、それじゃあフランス語にしようって決めて。慶應の夜間に国際外国語学校があって1年間、毎日通ったわ。フランス語ね、2年目になって教授が「大人になって語学勉強するにはやっぱり語学漬けの環境になる方が早い」って言うから、すぐにパリ大学の夏の1ヶ月の講習に応募して。そのあと、グルノーブルの講座にも行った。ヨーロッパに15回行ったわね。パスポートにはたくさんのハンコが押してあるのよ。

だからフランスの現地の人とも友達になってね。ドイツのボンで仕事があった時には、泊まらせてもらった。フランス語を始めたのは、48歳から。速記者としてのキャリアが30年ぐらいかしら。私には速記の弟子が1人いて、その人に留守の間の仕事は任せてました。一番外国に行ったのは50代ね。60代でも1年おきくらいにヨーロッパに行ったわ。

女学校、学生時代の友達は、空襲で疎開したりして、バラバラになっちゃったわね。私はお友達っていうのは多くない。けれど、一度仲良くなると深くつながるかな。

やっぱり、私の人生で何がよかったかと言えば、いい歳して外国の友達ができて世界が広がったことね。いろんな見方があるんだなって知ることができたこと。

速記の国際会議に出て、インテルステノって言う国際会議なんだけど。各国で持ち回りでやるのね。この写真、東ドイツの時の写真だけど、あのベルリンの壁の前で撮った写真ね。ちょうど１９８９年にベルリンの壁が倒れる時に……。11月に倒れたんだけど、7月に東ベルリンで、インテルステノの国際速記タイピング会議の35回目ぐらいの会議があったのよ。だから東ベルリンに行く道中で、車で壁を越えたんだけど、検問みたいなところで、車の下から探知機で爆弾積んでないか、調べられた。悪いことしてないのに、不安になるわよね。戦後がまだまだ続いてて、東西に分かれていたでしょ。でも、あのあたりの人って、民族的にはいろいろ混ざっているから、国籍はフランスだけど、親はチェコだとか。そんなの当たり前なのよ。それで、国際会議があると必ず、離れ離れになった親戚に会いたいために速記者じゃないのに、会議に紛れ込んでね。会議が始まる前にね、会場のそばの大きな広場で、ベンチのところでさ、抱き合ってよろこんでいるのよ。泣きながら話してる。

私は、ヨーロッパにはいろいろ行ったけど、九州も北海道も一、二度しか行ったことがないから、不思議よね。日本の土地のことは知らない。

海外で驚いたことだけど。ポルトガルにある、世界で最初にできた大学のひとつと言われているところに行った時ね。大学の敷地内に、大きな古い図書館があって、扉を開けるでしょ。そうするとネズミみたいな小さな動物がぴゃーって動くのよ。飼ってるんですって。図書館には、5世紀とかの本があるでしょ。20世紀のいまは薬とかあるのに。紙のためにネズミを飼ってるって驚いたわ。何か特別な虫が紙につくから、それをネズミみたいなものが食べてくれる。薬だと古い紙を痛めちゃうみたい。昔からそのやり方で、いまでもそのままの方式でやってるっていうんだからすごいわね。行かないとわかんないことがたくさんある。ヨーロッパでは紙の本が、文化が文明をつなげていたのね。書見台に載せられた聖書も見たわね。

本当にいろんな国に行ったわね。ポルトガルでしょ、スペイン、ベルギー、オランダ、ポーランド、スイス、イギリス、トルコ、ドイツ、スウェーデン、ギリシャ、ソヴィエト、中国、ブルガリア、イタリア、香港。
速記者はあまり差別されなかったわね。当時は、大切にされていたのね。
外国の話もまだあるし、話したいことがたくさんあるわ。また聞きに来てちょうだい。

第二章　旅する速記者

樺太の職工だった父と、残された月給袋

うちの父はね、私が生まれる前、樺太の大泊で王子製紙の職工さんだったわけ。その時の月給袋だとか、樺太の地図があって、父が戦争中も大事にしてたのが心残りになってて、先週やっと、ああそうだわ、銀座にある王子製紙に渡そうと思って秘書室宛に送ったのね。そしたらこんな丁重な手紙をくださって、ああこれで私はもういつ死んでもいい、親孝行できたなと思ったわ。

父のことだから、１００年前よね。昭和の前、大正の初期。父は宮城県人なのね、それで一人息子なの。兵隊に行かなかったもんだから20歳で戻って、働き場所として樺太の王子製紙に勤めていて。それで途中30ぐらいで、結婚紹介所にうちの母を紹介してもらって、結婚して、母も樺太には2年ぐらいいたらしいのね。

そしたら大正15（1926）年に私が生まれたもんだから、うちの父は子どもが生まれたら、子どもの教育は東京じゃなきゃダメだっていうんで会社を辞めて、5月に私が生まれて8月に東京へ来ちゃった。だから東京生まれの東京育ちと言っちゃうんだけど、本当は札幌で産湯を使って、東京に来て。

そういう、父が大泊で働いてた時の月給袋だとかを、貴重だなと思って、それで銀座にある王子製紙の本社の秘書室に送ったのよ。貴重な資料になったと思うわ。うちの父も、大事にしてきた甲斐があった。

そうそう、あなたに連れてってもらった神奈川近代文学館、あの時確かめたのは、王子製紙の社長の藤原銀次郎の講演録だったんですよ。演説のね。ここから持っていって以来初めてお目にかかったから5年ぶりで、だからそのことも合わせて、「藤原社長の分はあそこの文学館に行けばありますよ」っていうことを一筆したためてね。やっぱり資料っていうのは大事だからね、歴史になって。

速記で乗り越えた新円切り替え

戦後、昭和23（1948）年頃に人事院規則ができて、それまで速記っていうのは、いくらかな、……。とにかく速記っていうのは、原稿を届けるとお金をぽっとくれる現金主義の時代だったわけね。

新円切り替え（注7：昭和21（1946）年2月、第二次世界大戦後のインフレーションに対処する目的で幣原喜重郎内閣が実施した、預金封鎖と新円発行の緊急措置）の時は、一家族300円。それで1人増えると100円、200円かな。すると私のところは両親と2人で500円しか現金が引き出せなくて、みんな貯金が封鎖されちゃったんです。そういう時に速記は、「真善美社」だとか戦後に雨後の筍の如く出てきた新しい出版社から、現金と速記の引き換えで、新円になった時でも現金をもらうから、両親はもうニコニコ顔でした。

ほかの人は新円切り替えになっても月給日の25日から30日までお金がなくて、みんなここいらの人でも貸し借りをやって。ちょっと10円貸してとか20円貸してってみんなお金がなくて困ったりしたんだけれども、我が家だけは1週間に1回ぐらい仕事があって、すぐ現金をもらえるから、「お宅のお嬢さんはいいですね」なんて褒められたこともあった。

新円切り替えは、戦後のインフレになった時に、本当は新しいお札を印刷するんだけど、それが間に合わないので、大蔵省で切手みたいのを印刷してそれをお札に貼って、それ以外のお札は通用しなくなったわけね。政府は戦争中に、もう戦費を調達するためにどんどこ日本銀行で印刷したのが市中にばらまかれてたくさんあったから、それを回収するためにも新円切り替えっていうことで旧円をみんな切り上げてね、それが成功したわけですけどね。

そんな時に、田中角栄だとかああいう頭のいい人たちは軍隊の毛布を売ったりとか、軍隊の横流しの食料だとか、そういうのをみんな現金に、売る形で新円にしてお金を儲けて、富をつくった。三井・三菱は別でね、戦後の成金っていうのは、その新円切り替えの時に上手に立ち回ってみんなお金をつくって、それを増やしていったわけね。

私もその時は、速記は現金引き換えだから、すごくいい生活をしてて。それで昭和22（1947）年に初めて衆議院の速記者を採用する試験の場があったので、受けようかなと思ったら、衆議院にいた先輩の男性の方に、民間でやる方が稼げるし、役所になんか来ない方がいいよって言われて、受けなかったんですけどね。

変わりゆく国会の速記に思うこと

国会に速記者養成所っていうのができて、自分のところで育てて参議院と衆議院に速記者を配置するようになって、それで月給も人事院でだんだん上がって、いまじゃ民間よりもいいわけね。70年も経ってるんだから当たり前だけど。

しかし、もうその養成所も潰しちゃって、いま衆議院、参議院で書いてる人が定年になったら速記者が全部いなくなって、議事録もＩＴでやるようになるわけですよね（注８：衆議院と参議院の速記者養成所は、平成18（２００６）年から平成19（２００

7）年にかけて相次いで閉鎖。令和5（2023）年11月には参議院で、議場内における手書きの速記が廃止された）。だからね、人間が書くあれは、もう本当にあと10年ぐらいで完全になくなってしまうわけですよね。ちょっと寂しいわね。国会の速記者は明治の時からいるから。速記っていうものは、明治からあったんだよっていう感じですね。

青山学院の女子短大で、佐々木式の速記を教える

速記には、早稲田速記とか中根速記とかって流派があるの。要するに速記符号が違うのね。丸を書くところを、線で斜めの45度の線か、35度の線かによって違うじゃない。また、横の棒か縦の棒かで違う、そういう感じですね。文学館の図書室に、中国語の速記とフランス語の速記の教科書を寄贈したんです。日本人の速記者でも、中国語やフランス語の速記を見たことがない人も大勢いるわよ。

速記をやってると、会があるのね。男の方たちなんかは、すごくそういうことに熱中して、いろんな速記方式を考案したり比べて、どの方式が一番速く書けるかとか、そういうことを研究してる方もいましたよね。斜めに45度が速いか、90度が速いか。そういう線で書くことやなんかを研究するのね。

私は田鎖式（注9：日本における速記の創始者、田鎖綱紀が考案した速記方式）。でもやっぱり自分が書きやすいように改良していくじゃない。だから半ば佐々木式になっちゃってる。それで青山学院（女子短大）で教えた時は、佐々木光子方式になってるわよ。

青山学院では、昭和25（1950）年から35（1960）年まで教えてたの。その時使った教科書も、神奈川近代文学館に寄付したんですね。だからそこでは、私が発明したわけじゃない昔の田鎖式を直した佐々木式の速記になって、それで青山学院女子短期大学編になってるわけ。

速記を教えたけど、ものになんかならないわよ、お嬢さんたちだから。みんな地方から来る裕福なお嬢さんたちで、短期大学だから2年でしょ、それで地方のミッションから推薦されてくるわけじゃない、同じ教会でね。だから親御さんも青山学院の寮に入れるなら東京にやっても安心だっていうわけで。まだ戦後っていうことが続いてた時代じゃない。そういう時に東京の大学に入学させて、4年の大学は長すぎるけど、嫁入り前の娘を2年間短期大学に入学させて、それで勉強して田舎に帰って地方で結婚するっていうパターンが多かったから、速記を覚えても働く婦人にはならなかったわけですね。

速記を教えながらも、こっちも若いから、いろんな文学の話やら社会の話をしてたら、速記を覚えるよりも話を聞くのが楽しいから、学生とは交流がありましたね。それで北海道の修学旅行で、まだ大変な時に1週間ぐらい汽車や船で網走まで行って、楽しかったわね。そういう時に、私だってまだ30代だから、自分も生徒の感じで近いからね。キャンプファイヤーしてて、旅館のシーツをかぶって幽霊の真似したり、踊ったりなんかするのも、生徒と一緒になって楽しんじゃったりした、面白かったですね。

岩波書店からのつながりで舞い込んだ講師の仕事

戦前からアメリカでは、ハイスクールあたりでは速記ができるのね、みんな。英語の代わりにちょちょって書いたりして、アメリカの企業にはステノグラファーっていう秘書が必ずいるものだと。日本だって速記者はいたけど、速記ができる秘書なんていうのは日本の会社にはいなかった。それで、戦後に進駐軍が来た時に、日本の学制改革の中で、中等教育以上で速記の科目が入ってないから、文部省としてはアメリカの命令で速記科目を教えるようにっていうお達しが出たんですよね。他の大学やなんかは、入れますって承って実行はしなかったけれども、青山学院はミッションスクールで、アメリカの寄付でできてる学校だから、正直にこれは大変だ、速記を教えなきゃいけないって、それでどうすべきかってなった。

そこで、日本で一番信頼できる岩波書店に、速記を教える人がいませんかって尋ねた時に、岩波書店の社長の秘書が私のお友達だったのね。それで岩波書店に佐々木っていう速記者が出入りしてますよって紹介されて、まだこっちも生徒と変わらないような25歳ぐらいの若造なのに、すぐGHQに申請して許可が出て、日本の文部省からも許可を得て、それで青山学院でぜひよろしくお願いしますっていうので教えるようになった。それも縁は岩波書店だったんです。だからそれまでは岩波書店の仕事もしてたわけですね。

戦前は男の速記者が出入りしてたけど、戦後になっても戦地に行ってた速記者が帰ってこなくて。青山学院を卒業したお友達が岩波の秘書をやってて、それで岩波の仕事を紹介されて、それから青山学院で教えてくれって言ってるからと受けたわけね。いろんなつながりがあるわ。

もちろんその時は速記の仕事もしてて、青山学院の方は1週間に1回ぐらいだから、たくさん速記をしてる方がお金は入るわけだけど。講師の謝礼なんて当時いくらかな、2円か3円ぐらいだったから。名誉職の、名刺の肩書代みたいなものので、だけど昭和25年から35年まで教えて、いろんな学生と付き合って面白かったわね。

田中角栄の一言「速記屋さんご苦労さん」

金融関係ではね、昭和28（1953）年頃に全国信用金庫協会の仕事をするようになったんですよ。信用金庫自身の理事会とか信用金庫の総会なんかも速記して。余計なことだけど、当時は郵便貯金をやるとすごく儲かったのね、お金を預けるといろんな特典があって。でも信用金庫の仕事をしてたおかげで、私は人生信用金庫だけで来たから、そういう恩恵にあずからなくてね、もう少し浮気をしてみればよかったわ。そのくらいに金融関係は信用金庫の仕事オンリーでした。

それで信用金庫だから、監督管轄は大蔵省じゃない？　大蔵省担当で法律が変わったりすると、大蔵省の事務次官と信用金庫の理事長なり担当部長とが対談をしたり、それから信用金庫の雑誌が毎月出てたからそれに載る座談会だとか、そういう関係の仕事をしたり。

あとはいわゆる総会屋ね。政府の大臣だとか大蔵省の官僚らとの会合は、待合だとか料亭でやるのよね。それで速記を記録したもの、10ページか20ページぐらいのものを持って総会屋が、会社の人事部とか丸の内あたりの秘書課に行くと、「これは大蔵省がしゃべったものだ」って言って、重役に配るからとかいう話で買い取ってくれるから、お金が出るわけよ。そんな仕事をなんていうか、一発屋だとかね。そういう、自分が宣伝したわけじゃないんだけど電話がかかってきて頼まれた仕事が結構絶え間なく、5、6年はあったかしらね。そのうちに自然に消えていきましたけどね。

この時は、私の事務所も田村町にあったから、事務所に戻って原稿を起こして、翌日か翌々日にそれを届けて。そうそう、田村町一丁目には労働法律旬報社（注10：昭和24（1949）年創業。当時から雑誌「労働法律旬報」を刊行し続け、平成9（1997）年に旬報社へ社名変更して現在に至る）があって、その時に女性の弁護士さんと知り合って、その旦那さんも弁護士で、娘さんがいまの私の後見人になってるの。

経済界の仕事が多かったもんだから、流行作家の座談会なんていうのとは、私はあまり縁がなかったのね。そういう仕事は（雑誌の）「平凡」だけで、ミーハー相手の作家連中だから、いわゆる純文学の作家とは縁がなかった。「平凡」あたりで呼ぶような作家と俳優たちの対談なんかは、よくしたけれども。

経済人だと、その時々の大臣だとか、田中角栄だとか宮澤喜一だとかそういうインタビューは、東京會舘あたりの10階の個室みたいになったところで、やってたわ。彼らはそこでしゃべって食事して、終わったらすぐ車で帰っていく。東京會舘あたりでやってる時はまだ初期の頃ね。あのあたりってタクシーが停まってて。速記に機械を持ってって録音するんだけれどもね、日比谷は中心街だからタクシー無線が横行しててね。ガーッていう音が録音に入ってくるから、機械なんて役に立たないのよ。だから一生懸命速記を書かないといけないから大変だった。

田中角栄なんかは「速記屋さんご苦労さん」なんて私に言うのよ。そういう下々にまで声をかけるような、温かい人でしたよね。偉い人は普通、自分たちで座談会して、「あ、速記とってるな」って思っても、話しかけることなんてするわけないんだけれども、やっぱりああいう人情味のある人は、ちょっと違いましたね。

速記という仕事と夢

私も速記者だけじゃなくて本来は、夢はあったんですよね。自分が作家の話を聞いて、それを速記して、出版社に「こういう作家の原稿を書きましたけど本にしませんか」なんていう夢はもってたんだけど、そんなルートもないしね、女性が考えてることなんか実現しなかった。

でも世の中には、速記はできなくても、ライターとしての才能で、逆にライターは速記者を使ってインタビューして、それをいろいろまとめて加工した本がいっぱい出たけど、私なんか、速記を頼まれてやるだけで忙しくて、他の速記をして編集したりする余裕がなかったわね。毎日の生活が、自分の頼まれ仕事でいっぱいで。男性なんかがうらやましいなっていうのは、奥さんが多少半分生活を支えてるから、その半分の時間でインタビューやなんかをして。速記士会にもそういう形で本にまとめたりした方がいらしたけれども、私なんかは、とうとう自分の理想はかなえられなくて、最後まで人様の話を速記することだけに終始してしまったわね。

でも私は、昭和45（1970）年にここの家を2階屋にして、昭和60（1985）年頃にワープロができた時に、弟子を1人とった。そこにある二畳の部屋で教えて。その時は、栃木県の石橋町議会（注11：栃木県下都賀郡石橋町。市町村合併により、平成18（2006）年1月に下野市となった）の仕事が、どういう御縁だったかな、もうそのいきさつも忘れちゃったんだけど、その石橋町議会の仕事って1年に3回か4回、議場のテープを録ったのを送ってくるわけね。それを、ワープロを弟子に教えてやらせて、私は週に2回、東京速記士会の仕事があったから、そんなことを2年ぐらいやった時に余裕があったぐらいで。

あとはもう、50代からはフランス語に夢中になっちゃって、本をつくることなんかそっちのけになって、フランス語関係で何かやりたいなんて思ったりしたもんだから、そういうことは、考えなくなっちゃった。

速記の仕事でヨーロッパへ。国際会議に出席

フランスに初めて仕事で行ったのが48歳の時だわね。ウィーンで庶民銀行の世界大会っていうのが3日間ぐらいあって、そのあとにパリの庶民銀行を訪問したり、元・横浜正金銀行の職員が通訳でついて、私は一生懸命速記して。それでウィーンからパリ、ローマに行って、モスクワで2泊して帰ってきたんだけど。

これはインテルステノの写真。世界中の速記者が集まった会議で、速記の技術、それからタイピストは共通でしょう、英文でやるから。ワープロがまだできてない時かな、タイプの方が盛んだったわね。日本人でも英文タイプを打つ人はすでに大勢いたから、そういう人が出席して、5分間で何字を打ったかなんて競争す

るの。

あと、いろんな速記教育の問題、ヨーロッパでは速記を中学で教えているから、そういう教育上の問題を話したりして。それで、日本人は日本の速記教育はどこまで進んでるかなんて話して。私はそんなのは半分ぐらいしか聞かない、関係ないやなんて。個人的なお付き合いでおしゃべりやなんかしてましたけどね。

でもやっぱり速記のおかげでヨーロッパに最初に行って、それからフランス語を勉強しなきゃっていうので、帰ってきてから慶應の外国語学校に1年間通ったの。毎晩夜6時から8時までね。ほんとは2年やらなきゃいけないのを、2年目になって先生に、パリで講習会に行った方がいいよなんて言われて、パリ大学の夏期講習にも行ったし、それからラ・ロシェルの夏期講習にも行ったし。パリではね、こんなおばちゃんなのに、私は若い男に追っかけられて寮に帰ったこともあったわね。

フランス滞在。異国の文化を生きる

国際会議のインテルステノでフランス人の速記者とお友達になって、パリに講習に行った時に連絡するとおうちに招待されたり、郊外の別荘に招待されたりして、それで交流が始まったりしてたのね。

ニースに呼ばれた時、フランスでは花火の見方が日本と違って、長椅子を屋外に出してその上で見るのね。ニースあたりはいろんな人がいるから、花火の模様だとかいちいち説明してくれるわけね。まずフランス語で説明して、スペイン語で説明して、イタリア語ではなんとかっていう花火だなんて。

昔は私たちの時代でも、作家たちが、「フランスは遠きにありて思うものなり」なんて言うのを覚えてたけど、いざ自分が向こうに行ってみると、やっぱりヨーロッパの人は、自分はフランスの国籍をもってるけど、お父さんやお母さんの国籍はチェコとか、ポーランドとか、スペインとか、みんな一代前は違う国籍をもってるのよね。やっぱり地続きだから、根はキリスト教の、宗教的にはそういう根底があって、いまはたまたまパリにいるとか、ドイツにいるとかって感じだからか、私に対しては人種差別っていうのをあまり感じなかった。それでフランスのお宅になんか泊まってると私を連れて八百屋さんに行って、「ジャポネの光子です、よろしくね」っていう、それでもう友達と同じような。日本だったら、わざわざ詳しい説明をしたりするんだけど、もうそんなのはなくて、簡単に説明するのが当たり前でね。

ヨーロッパの人は、二代・三代前はどこに住んでたか、ギリシャに住んでたかもしれないし、イタリアに住んでてパリに出てきたかもしれないし。日本人だったらすぐ、どこの国籍かって聞いたりするんだけど、そういうのは一切ないんですよね。はじめの時か、日本人はヨーロッパに行くと、アジアの人っていうことで区別されるとかって聞いたことがあったけど。最初はとっつき悪くても、それがいったん知り合いになると、もう家族のような感じで接してくれて。お互いの話を共有し合うっていう、そういう点で日本人よりもお付き合いがいい、私にとってフランス人はそんな人たちでしたね。

私がバスに乗る時に重いものを持ってると、15か16の青少年が「マダーム?・」って言って、荷物を持ってバスに上がってくれてね。降りる時にもわざわざ、そばまで来て持ってくれた。こっちはその当時からステッキを突いて歩いてたから、もう必ずそういう青少年が助けてくれたしね。

語学留学。地域の教会で目にした助け合いと、日本との違い

その時は速記の仕事をしてなかったんですよ。決まった仕事は2、3あったから、さっき言った弟子に、うちでワープロを使って仕事をやってもらって、だから得意様には不自由はかけなかったのね。それで私は、だいたい夏は、向こうに1ヶ月はいましたから。日本だったらあくせく働いてなきゃなんないのに申し訳ないなと思いながらも、パリでフランス語の勉強をしてましたね。

世界各国の学生が来るから、ノルウェーの人とか、ポルトガルの人とか、アル

ジェリアの人とかね、かつての植民地だったところの学生、若い20歳とか18歳ぐらいの人と一緒になって、二段ベッドで寝るんです、学生寮に泊まるから。日本ではそんな経験したことないのに。パリ大学に行った時には、日本館っていうところに泊まって、お水なんかは飲めないの、ビールの方が50円ぐらいで安いから。海外で、モンサンミッシェルみたいなところは景色もよかったけれども、やっぱり真っ先にフランスとか、ドイツっていうとまず人の顔を、景色より人の方を思い出すわね。

海外に行って、いろんな珍しいものを見てきて、だけどとにかくヨーロッパは地続きで、宗教がキリスト教とユダヤ教の連携でなったりしてて。だから日常生活をしてたら、隣はスペイン人だフランス人だなんて、差別はないのね。教会に行けばアーメンでみんなひと色だし、どんなに困ってても教会に行けば、何がしか手を出すのが自然で。教会の周りの人たちに、誰それは病気で倒れてるから、手の空いている人はお手伝いに行きましょうって、まるで介護保険を教会がやってるような、そういう感じでお助けのシステムができてるのね。だから介護保険がなくても教会に通っていれば信者たちが、やっぱり自然にそういう人たちを助けるっていう形になって、それがヨーロッパの文化なんでしょうね。

そういう点では日本は戦争に敗けて、韓国には８００ぐらい教会ができているっていうけど、日本にはそれができなかった。日本には仏教があったから、離れ島だからっていうのもあるけれど。でも、ヨーロッパでは、政府がこうしろとかああしろっていうことじゃなくて、教会が主になって、困った人がいれば何か手助けをするというふうになってて、自然な形で地域の教会で周りの人を助けている。

そういうなかで日本人がお客さんとして行くと、よく来ましたねっていうことで、自分たちの仲間に入ったってすごく親切に付き合ってくれる自然さがあるけど、日本なんかではないのよね。日本では、特別な知り合いになったらすごく濃密だけど、知らない人は避けるし、国籍が違ったらなお避ける。それで島国だから、島国の人たちがみんな団結してるかっていうとそうでもないじゃない。だから私なんかは、ヨーロッパ人は付き合いやすいって感じがあるのよね。

短い結婚生活と離婚後のこと

結婚はしてたか？　はい、してました。25の時から30までの間は結婚してて。

夫は日本鋼管（注12：日本を代表する鉄鋼メーカー。平成14（2002）年に川崎製鉄と経営統合し、JFEグループを創設。その後の再編で社名が消滅した）にいたの。日本鋼管から単産（注13：同じ産業の労働者で組織される労働組合）の組合員に選出されて、その労働組合の執行役員になってた。こっちも労働組合に仕事で行ってて、それで知り合ったわけね。あの頃はレッドパージで、夫が月給を持ってこられなかったから、両親と夫を私の稼ぎで食べさせていたの。

30歳で離婚したんだけど、離婚してからも夫だった人に会う人はいるじゃない。だけど私は一度も会わなかったから、元の夫はどうなったか。子どももいなかったから。全然不明ね。

当時は南麻布に両親が平屋の家に住んでて、私はアパートにいたのね。歩いて15分ぐらいのところなんだけど。そうするとうちの父がね、犬を連れて、夜9時頃になるとアパートの扉をトントンって叩いてきたりするの。9時に来て、12時になると帰るのよ。男は別れた女に未練があるもんだってね、私は一人娘でしょ。だから半年ぐらいは毎晩、9時になると犬連れてトントンって来ていたわよ。

いまもさ、刃傷沙汰であるじゃない。新聞によく出ている、男女のもつれっていうのはね、昔もいまも変わらない。半世紀前からそういうことがあるんだから。人には言わなかったけどね。

家を建てるために、箱根のホテルのバーで働く

40歳ぐらいの頃、箱根のホテルのバーで働いたことがあってね。当時は金融機関からお金を借りるのに、源泉徴収票っていうのが必要だったの。だけどフリーランサーだと源泉徴収票がないから、ここの家を建てるために1年間、箱根に行って。それで源泉徴収票をもらって、家を建てたのね。だって一人娘だから、も

う本当に私が頑張らなきゃ両親が大変だと思って。父は買わなくてもいいって言ったけど、私は土地も買ったの。戦後に大家さんが財産税を払うため、どうしても借主に現金で買ってもらいたかったのね。

両親はちょっと心配してたけどね。私は「必ず2週間に1回は顔を出すから」って言って。元気な顔を見せてました。

バーでは、見様見真似でお酒を出したりしてね。信用金庫と信用組合が資本を出してつくったホテルで、金融関係のお客さんが多かった。それで1年したら東京に帰って、友達に頼んでた仕事が私に戻ってきて、すぐに速記ができるようになったから幸せでした。

速記者の仲間でも、私が箱根に行ってたことを知ってる人と知らない人がいるわよ。東京速記士会に顔を出さないから、「辞めたらしいわよ」とか噂されていたみたい。それでまた東京速記士会に顔を出したけど、みんな黙ってたからさ、あとになってから、「佐々木さんは箱根に行ってたことがあったでしょう」なんて言われて。「若気の至りで行ってましたよ」なんて答えてね。

この家を昭和45（1970）年に建てて、以来、ここに住んでるわけだけど、46（1971）年に速記者仲間の小渕さんっていう方が遊びに来て、2階の本棚を見て、東京速記士会の機関紙にそのことを書いてるのね。しかも漫談風に書いててすごく面白いのよ。

そしてこれが2021年で、この号では私が自分で書いてるの。だから50年後にちょうど、この2階の本棚の裏づけみたいなことを書いたのね。

速記者御用達の原稿用紙とペンの話

昭和58（1983）年は、一番脂の乗った頃ね。経済の仕事が多くて、対談ね。信用金庫の情勢報告で、日本銀行の宮沢考査局長だとか、大蔵省の宮本銀行局長（注14：宮本保孝氏。大蔵省では理財局長も担い、退官後、信金中央金庫の初代理事長も務めた。平成18（2006）年没）だとか、会議なんかをするには京王プラザホテルでやってたわよ。あるいはホテルニューオータニとかね。熱海の大観荘で会議があった時は、こっちも一緒に行って泊まったんだけどね。

あとは、鹿島建設の社長だとか資源協会だとか、東工大の教授だとか、そんなのが霞山会館であって、これは座談会ね。それから吉野俊彦さん（注15：日本銀行の調査局で局長などを歴任。同行の理事も務めた。平成17（2005）年没）の新年の金融経済情勢なんて、これは全国信用金庫協会の主催で。こんな人も、みんな死んじゃってもういないよね。

テープ起こしの時間は、2日ぐらいですね。ワープロがあったかなかったぐらいの時期だから、原稿用紙に書き起こして納品する。その当時の速記者の原稿用紙っていうのは、神楽坂に山田紙店（注16：明治期に創業した文具店。平成28（2016）年9月に閉業）っていう、速記者共通の業者があって、同じ200字だけど8行になってるのね。作家が書く原稿用紙と違って、行間があるから、速記を書いた原稿に足したり消したりなんかできるでしょ、横に。

速記の仕事に行く時は、（テープレコーダーの）デンスケと、マイクとコード、あ

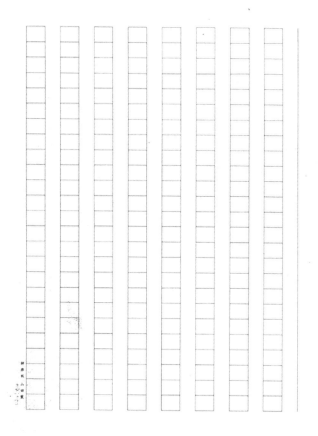

と速記の紙を持ってって書くわけね。速記のペンは特殊なペンで、新聞記者がよく持ってたわよ。中の芯を取り換えられるの。書いてもいいわよ、滑らかで、芯の濃さもちょうどいい。速記は、話を聞いてる時は横書きで別の紙に符号を書くの。その符号を見て、原稿用紙に日本語で縦に書くわけ。

やっぱり道具は、速記者用のものがあるのよ。速記の紙を探してるんだけど……。いまはもう使わない、わら半紙の、ただの普通の紙だけどね。

テープレコーダーの普及と仕事のあり方の変化

こういう、デンスケっていうテープレコーダーは見たことある？　速記者はみんな、そういうのを持ってたわね。会議の時とかにテーブルに置いて、録音しながら速記も書いて。初期の頃はマイクが1本だけだから、遠くの声はやっぱり人間の耳で聞いた方が正確で、そう思いながら録ってたの。

出た頃はソニーから、もう真っ先に東京速記士会に案内が来てね、売れる団体って言ったらそういうところしかないわけだから。見学に来てくださいっていうわけで招待されて。でも初期の頃は緊張してて、だんだんだんだん機械に慣れて、1年ぐらい経ってから、ああ、こんな便利なものがあるんだっていうことになって。緊張感が緩みましたよね。

それで、勉強中の速記者も、昭和30（1955）年頃になると、みんなデンスケデンスケって言って持ち歩いて、もう書く方はあんまりやらないで、これだけに頼ってたから音が抜けてて、大騒ぎになってる人たちもいましたけど。それで私なんかは、手を抜くことはなかったですね。速記で書いた原稿を、録音で合わせる。それでやっぱり、話し言葉と文章はまた違うから、それを削ったりなんかして参考にしながら、多少は編集して原稿を出すということを、実践的に覚えていったわけですよね。人様が教えてくれたわけじゃないわけね。

（テープレコーダーが普及しても、速記者が仕事に来なくていいということは）絶対になかった。ワープロが出ても、まだ速記者が現場にいないと信用できないって言って、やっぱり速記者がいないとダメっていうふうに、信じてましたよね。それからパソコンが普及して、フロッピーが出始めてから、速記者は来なくてもいいよ、フロッピーに録音しとくからっていう時代になってきて、それまでは速記者は必ず必要なものになっていましたね。

だから、失業することはなかったです。やっぱり会議やなんかでは速記者は必ず必要だっていうことは企業のなかにあったけど、フロッピーの時代になってからはその意識がだんだん薄れて、もう速記者はいらないんじゃない？　っていうふうになってきたんじゃないかな。

タイピングと関わるワープロの選び方

速記符号を使ってたのは、75歳ぐらいまでだわね。あとはもう、お客様の方で録音しちゃって、テープに入ってたり、ＣＤで送ってくるから。それを聞いて打っちゃうから、自分で書かなくてもいい。それまではテープやタイプと、現地に行って書くのを併用してたわけね。

私は昭和60（1985）年頃からワープロを、その時は100万円ぐらいして買えないからリースで使って。そのあとになってパソコンが安く買えるようになって、これは2代目よね。2代目でもう10年ぐらい経ってるもんね。すごいわ、科学の進歩がね。

ワープロは60歳ぐらいから一生懸命覚えたの。その時、標準式ならよかったんだけど、よかったっていうか、富士通のOASYSはちょっと速記的に文字盤が違うのよね。普通のパソコンと違うでしょ、字の位置が。これだと速いの。だけども、いまになると標準式の方がよかった、もうこれは生産してないから御破算になったら使えないのよね。

英語は万国共通で、英語の位置は同じだけど、カナの位置が違うのね。「キ」なら「KI」とかって2字使うでしょ、それをこっちは「キ」でいいのよ。富士通のOASYSは速記者の90％が使ってましたね。そのうちだんだん世の中の情勢で応用が利かなくなってきたから、男の速記者の方たちは標準式に変えて、あとはローマ字で、英文でやると必ず2字打たなきゃならない、それでもいいっていうことでやってらっしゃる方もいる。私は富士通のパソコンしか買えなかったから、これが壊れたら困っちゃう。今度標準式でいちいち「ク」なんていったら「KU」って1字に2字打たなきゃならないから、速度が遅くなっちゃう。

ワープロへ切り替わるタイミングは、会社の速記録が手書きじゃなくてワープロで収められてるっていうことがわかってきて、やっぱりお客様に少しでも先進的な原稿を届けたいっていうことで、自然にワープロの方になっていきましたね。楽にはなった、手紙やなんかでもこれで出しちゃうからね。

速記者として目にしたことを伝えたい

私は本当に速記者として、初めから終わりまで人の話を書くことで終わった。

だけどヨーロッパでフランス人と交流できたりして、ああやっぱり速記者でよかったなって。それを機会に、ヨーロッパと日本のものの見方の違いを知って、人様の2倍3倍の人生を生きた感じがしてるんですよね。

やっぱりヨーロッパっていうのは、西洋文明の発祥の地で、憧れの地っていうような感じだったけど、実際にヨーロッパの人と付き合うと、真に背骨にキリスト教が貫いてるっていうことが実感できるのね。

百聞は一見に如かずじゃないけど、本で知ったヨーロッパ人じゃなくて、実際に10年ぐらいのお付き合いができた時に、いまのあなたの国籍はって聞くと、フランスだとかドイツだとかっていうけれども、その親御さんはスペインであったり、東の方の国であったり、イタリアであったり、みんなローマの教会の時代からつながってる、大陸続きの場所の民族だっていうこと。だから、人と人との付き合い方が、一度久しくなると、もう本当に肉親のように信頼された付き合いになるのね。日本では、そうそう相手の懐まで入って親しくなるっていうことは少ないんだけれども、ヨーロッパの人は違うんだなって思って。

ヨーロッパで、仕事をする上で私は女性差別を感じなかった。働きやすくて、ヨーロッパでは速記者はすごく社会的に認められた職業で、給料もいいし、フランスでもドイツでもフリーランスの速記者っていうのがいなかったんですよね。みんな必ずどこかのオフィスに勤めてた。1年のうちに2ヶ月ぐらいはクリスマスやらいろんな休暇があって、労働時間も短くて、パリで働いてても郊外に別荘をもってたんですよ。速記者の地位も高かったのね、ヨーロッパでは。

私は偶然そういうものを見られる機会に恵まれたけれど、少しでも長生きして仲間に伝えていけたら、いままで生きてきた甲斐があるなあなんて思ったりしてるのね。

あとがき

この度『戦前生まれのある速記者のはなし（序）』の続編が刊行され、気がつけば今年98歳となりました。

改めて第三者的に観ると、昭和20年に敗戦国・東京にマッカーサー元帥が上陸し、占領政策が実施された時、毎日アメリカのジャズばかりが放送されていました。ラジオ局の方が、日本には落語というものがあり、それを放送したいとGHQに申し出ると「ではその内容を持って来い」と言われ、その担当者はあわてずさわがず、「よし、寄席に行って師匠の話を速記して、内容を説明すればOKが出るだろう」と考え、直ちに実行されました。

もし当時速記がなかったら、占領下の国民の耳に、日本の落語がすぐに入ることはなかった。その証拠に歌舞伎の忠臣蔵等々、仇討ちものは占領軍が去ってから上演されたと聞きます。

また、日本で新円切り替えということが行われたのも同様で、そうした中で一市民の私が人様よりは多少なりと楽な生活を営めたのは、戦時下に父からの「速記を勉強しろ」との一言によって速記者になったお蔭です。私は日本だけではなくヨーロッパの人々との交流もできて、自分はなんと豊かに恵まれたことであったと、心秘かに思うことができて、感謝にたえない次第です。

但し一つ悔やまれるのは、私の初版本が出て落語の研究家の目に留まった時、占領下当時の落語家の語りの頭に必ず出るマクラの資料は残っていないかと問われたことです。それは無理な話で、当時、速記した原文帳は、反文すればすぐ捨てられる運命のものでした。また、速記者本人もまだ20代で落語についての興味もなかったので、速記し反文が終わればただのわら半紙で、残るはずはありません。

今の日本は毎日が平和で暮らせていますが、いつになったら平和な世界が来るのでしょうか。

二〇二四年一〇月　佐々木光子

本書のまえがき、第一章は、２０２３年2月に刊行された『戦前生まれのある速記者のはなし（序）』（双子のライオン堂出版部）を再編集し、収録したものです。

著者略歴

大正15（１９２６）年５月　札幌にて出生。８月に東京へ転居
昭和14（１９３９）年３月　港区立御田小学校を卒業
昭和17（１９４２）年３月　渋谷商業実践女学校を卒業
昭和17（１９４２）年４月　日本銀行に入行、考査局に配属。勤務のかたわら、翌年から日本橋で速記を学ぶ
昭和19（１９４４）年12月　日本銀行を退職
昭和20（１９４５）年１月　航空工業会に就職。８月に同会が解散
昭和20（１９４５）年10月　佐々木速記社を創設。ＮＨＫにフリーの速記者として契約勤務を開始
昭和25（１９５０）年　青山学院女子短期大学で速記の講師を兼務（昭和35〈１９６０〉年まで）
昭和28（１９５３）年～
昭和30（１９５５）年頃　全国信用金庫協会の仕事を始める
昭和41（１９６６）年頃　家を建てるために箱根のホテルのバーで勤務、1年後に速記の仕事に復帰。その後、昭和45（１９７０）年に家を建てる
昭和49（１９７４）年　全国信用金庫協会から依頼を受け、仕事を通じて初めて海外を訪れる。帰国後、慶應義塾の夜間の外国語学校に1年間通う。その後フランスへ留学し、本格的にフランス語を学ぶ
昭和60（１９８５）年　仕事にワープロを導入。弟子を持つ
平成19（２００７）年　80歳で速記者としての仕事を終える

戦前生まれの旅する速記者

二〇二四年十一月十五日　初版第1刷発行

著者　佐々木光子
聞き手　竹田信弥
構成・編集　竹田信弥／秋葉貴章
発行人　竹田信弥
発行元　双子のライオン堂出版部
〒一〇七-〇〇五二
東京都港区赤坂六-五-二一-一〇一
印刷・製本　モリモト印刷株式会社

ISBN 978-4-910144-12-2 C0095